अधूरी मुहब्बत और जिन्दगी के अधूरे किस्से

मनीष कुमार

क्रम-सूची

क्रम-सूची

Attitude Shayari

Motivational Poetry

क्रम-सूची

पुस्तिका परिचय

मेरी प्रथम पुस्तिका "अधूरी मुहब्बत और जिन्दगी के अधूरे किस्से आपके सामने प्रस्तुत करता हूं। इसमें आपको लव शायरी,sad (breakup शायरी), motivational शायरी और attitude शायरी शामिल हैं। जो सिर्फ आपके मनोरंजन के उद्देश्य से प्रस्तुत की गयी हैं। जिनका उद्देश्य किसी की भावनाओं को ठेस पहुंचाना नहीं हैं।

कवि परिचय

नमस्कार दोस्तो! मेरा नाम मनीष कुमार है। मेरा जन्म 28 जुलाई 2002 को मथुरा जिले के सुरीर गांव में हुआ था। मेरी प्रारंभिक शिक्षा एवं इंटरमीडएट की परीक्षा गांव में ही हुई। सन् 2018 में इंटरमीडिट की परीक्षा उत्तीर्ण करने के बाद आगे की पढ़ाई के लिए मैं मथुरा गया। वहां पर मैंने I.T.I में प्रवेश लिया।एवं साथ में बचे हुए समय में home ट्यूशन का कार्य शुरू किया। जुलाई 2019 में I.T.I प्रथम वर्ष की परीक्षा हुई। फरवरी 2020 में इसका परिणाम आया। जिसमें एक विषय में फेल हो गया।2022 में second year उत्तीर्ण हो गई हैं मगर अभी तक उस विषय की परीक्षा नहीं हुई है। जिसमें में फैल हुआ था। बस उसी परीक्षा का इंतजार कर रहा हूं जिससे की मेरी ITI पूर्ण हो जाये। मार्च 2020 में covid 19 की वजह से पूरे देश में lockdown लग गया था। जिसमें मुझे home ट्यूशन कुछ समय के छोड़ने पड़े। लेकिन कुछ समय बाद मैंने यूट्यूब पर पढ़ना शुरू कर दिया।"The Secret Place Of success पर में success से सम्बन्धित वीडियो उपलब्ध हैं। आप चाहे तो एक बार देख सकते हैं।usi लॉकडाउन में मुझमें शायरियां लिखने का शौक हुआ। और तब से लेकर अब तक लगभग 250+शायरियां लिख चुका हूं। जनवरी 2021 में मैंने मथुरा के ओपन mic "The Talent House पर अपनी शायरियां पढ़ी। उसके बाद"Hunarbaj(मथुरा)"Lazzat e ishq"(दिल्ली),"unkahe Jazbaat(पलवल और मथुरा) में किया। मैं आशा करता हूं कि आपको मेरी प्रस्तुत की की शायरियां पसंद आयेगी।

Love Poetry

अध्याय 1

"जीना है तो खुल के जियो,
यूं घुट-घुट के जीने से क्या?
फायदा!
जीना है तो खुल के जियो,
यूं घुट-घुट के जीने से क्या?
फायदा!
और प्यार करना है,
तो दिल से करो!
वरना ऐसे प्यार करने का,
क्या फायदा"?

"प्यार, इश्क़,मुहब्बत एक नशा है,
जिससे आज कोई नहीं बचा है।
और जो बचा है वो कभी न कभी,
फंसा है"।

अध्याय2

"लोग तो शराब को यूं ही बदनाम करते है,
लोग तो शराब को यूं ही बदनाम करते है;
असली नशा तो मुहब्बत में है।

"चलो छोड़ो वो पुरानी बातें,
आयो फिर से मिलते है।
बातों ही बातों में उन पुरानी,
में जातें है।
और एक दूसरे की बेवकूफियों,
पर हसते है"।

"करो सच्चा प्यार,
आयो हम सब मिलकर!
नफ़रत का करें व्यापार"।

अध्याय3

""उन्होंने हमसे पूछा कि तुम्हे क्या चाहिए,
तो मैंने मुस्कुरा के कह दिया।
की में टूटा हुआ हूं!
मुझे आपके हाथ की एक कप चाय और,
और आपकी राय चाहिए"।

"कुछ तुम कहो,
कुछ हम कहें।
थोड़ी तुम दिल,
की बड़ास निकालो।
थोड़ी हम निकाले,
थोड़ी तुम बात करो।
थोड़ी हम बात करे,
आयो गलतफहमियां!
दूर करें और दिल का,
मेल साफ करें"।

अध्याय4

"मुस्कुराओ इतना की सामने,
वाले के गमों को भुला दे।
अरे छोड़ो यार लोगों की बातें।
एक बार हमारे लिये ही मुस्कुरा!
दो"।

"एक नजर तक देखा हमने,
फिर नजर झुका ली हमने।
हमने एक पल बाद देखा,
वो मुस्कुरा दी।
और कैसे सुनाये तुमको?
अपनी मुहब्बत का किस्सा,
यार सुना तो दी कहानी अपनी"।

Sad शायरी

अध्याय5

"चलना भी तो अपनों ने ही सिखाया था,
कि"चलना भी तो अपनों ने ही सिखाया था।
तभी तो अपनों ने ही गिरा दिया,
अरे बदल गया हैं, तू!
बस इतना कहकर अपनों ने ठुकरा दिया,
और इस महफिल में अकेला छोड़ दिया"।

"मुस्कुराते तो हम भी बहुत अच्छा थे,
अरे मुस्कुराते तो हम भी बहुत अच्छा थे।
लेकिन वो हमारा दिल तोड़ गई,
और जाते जाते हमारी प्यारी मुस्कान ले गयी।
अरे मेरे पास क्या पहले से ही कम गम थे,
जो तू मुझे और दे कर चली गई"।

अध्याय6

"ऐ जिन्दगी लोगों की बातें,
मुझे बहुत सताती है।
पता नहीं उन्हें मुझमें,
सिर्फ कमियां ही क्यों?
नजर आती हैं"।

"कितनी अजीब दुनियां हैं,
लड़ते है, झगड़ते,और,
छल से पैसा कमाते है।
और एक दिन यहीं पर सब,
कुछ छोड़ जातें हैं"।

"इश्क़ की नासमझी में,
हम सब कुछ गवां बैठे।
इश्क़ की नासमझी में,
हम सब कुछ गवां बैठे।
जाने अनजाने में हम,
तुझ बेवफा से दिल लगा।
बैठे और सब अपने थे,
उन्हे यू ही खामखां खो।
दिया"!

अध्याय7

"मैंने कहा था उनसे,
कि घमंड मत करना।
अरे"मैंने कहा था उनसे,
कि घमंड मत करना।
वो तुझे एक दिन छोर,
देगा।
लेकिन उसने मुझे उसके,
लिये छोर दिया।
और मुझसे रिश्ता तोड़ दिया,
इधर भगवान की नजाकत तो देखो।
भगवान ने उसका ही घमंड तोड़ दिया,
जिस रकीब के लिये उसने मुझे छोड़ा थ
उस रकीब ने उसे छोड़ दिया"!

अध्याय8

"ये दुनियां बड़ी जालिम हैं, दोस्तों!
ये दुनियां बड़ी जालिम हैं, दोस्तों!
पहले प्यार करते है, फिर हसातें हैं,
और फिर इस महफिल में रोने के।
लिये छोड़ जाते हैं"।

"हमनें तो उनसे सिर्फ दिल था,
लेकिन उन्होंने अपना दिमाग दिया।
और बातों ही बातों ही बात में,
हमारा जनाजा उठा दिया"।

अध्याय9

"पहले हम हर किसी से दिल लगाते थे,
और battaon ही batton में अपना।
दिल का हाल बयां कर देते थे,
लेकिन क्या करें इन सब में हम अपना।
ही दिल हरा बैठें,
जब से हमारा कोई हाल पुछता हैं।
तब से हम बस मुस्कुरा देते हैं"!

"मेरी तनाही तुम्हें बहुत सताती हैं,
तुम्हें मेरी कसम सच सच बताना।
न चाहतें हुए भी तुम्हें हमारी याद,
आती हैं"।

अध्याय10

"समय और मौसम तो यूं हीं,
बदनाम हैं, बदलता तो इंसान भी हैं"।

❧❧❧

"मेरी एक अर्जी थी उनसे,
कि तुम मुझे धोखा मत।
देना लेकिन उनका तो,
इश्क़ ही फर्जी था, उन्होंने,
तोहफे में धोखा ही दिया"।

❧❧❧

"इल्ज़ाम हमारे ऊपर बहुत थे,
लेकिन गुनाह एक भी नहीं थे।
इल्ज़ाम हमारे ऊपर बहुत थे,
लेकिन गुनाह एक भी नहीं थे।
पैसे भी बहुत थे, या उनसे लोगों,
के मतलब बहुत थे, इसलिए वो।
निर्दोष और हम गुनेहगार थे"!

अध्याय11

"वफाई की अब हद हो गई,
दिख गया छुरा उसके हाथों।
तब भी उस बेवफा से ,
मुहब्बत हो गयी"।

"समय की नजाकत को साहब,
हमनें समझ लिया।
यूं बिन बात के मुस्कुराना,
और मुहब्बत करना छोड़।
दिया"!

"मेरी मुस्कुराहट को आपकी नजर,
लग गयी।
तभी तो मेरी मुस्कुराहट मेरे चेहरे,
से चली गयी।

अध्याय 12

"मुझे भी बहुत एक समय बहुत घमंड,
था तेरे और मेरे साथ का।
लेकिन, वो घमंड भी टूट गया जब,
तेरा और मेरा साथ छूट गया।
और तेरा दिल में कोई और बस गया"!

"मुझे फ्री की चीजें बहुत पसंद हैं,
मैंने बस इतना ही कहा था।
कि समय ने मुझे कुछ सब मुफ्त,
में सीखा दिया"।

"समय समय का खेल हैं, साहब,
समय ही हमें सब कुछ सीखा।
जाता हैं,
अगर समय अच्छा हो तो गैरों।
को अपना और,
अगर समय बुरा हो तो अपनों गैर।
बना जाता"!

अध्याय13

"वो तुम्हारा खेल भी,
बहुत गन्दा था।
पहले जिसमें तुमने,
खूब हंसाया और।
फिर खूब रुलाया था"!

"गुनाहों की भी अजीब सौगात हैं,
जो करें इनको दुनिया सलाम करती,
हैं।
और जो ना करें दुनियां उन पर इल्ज़ाम,
लगाती हैं"।

"एक आशा ही तो थी,
जो निराशा में बदल"
गयी।
अरे यार जैसे तुम्हारी,
वफाई से बेवफाई में।
बदल गयी!
ठीक वैसे ही मेरी मुहब्बत,
नफ़रत में बदल गयी"।

अध्याय14

"उसकी यादों में चला आता हैं,
मेरी बर्बादी का कुछ मंजर।
क्युकी उसका यूं बिन बताये,
जाना मेरी आंखे बन गयी।
आशुयों का समुन्द्र"!

"वैसे तो लोग आज के समय में,
आज के समय में कोई किसी!
कि सहायता नहीं करता।
और अगर कोई अपना,
रिश्तेदार, या कोई गैर सहायता।
कर भी दे तो eshan,
तले दबा देता हैं और फिर"
उन्हें जिन्दगी भर के लिये!
गुलाम बना लेता हैं"।

"अब मेरे दिल से उसे देखकर,
सिर्फ एक आवाज निकलती हैं।
मनीष!अगर तुझे अपने दिल को,
बचाना हैं तो"!
दो गज की दूरी और मास्क हैं,

इस नियम का पालन करना हैं।
जरूरी"!

अध्याय15

"नशा किसी भी चीज का हो;
मत करो।
क्यूंकि चाहें मुहब्बत हो या,
या शराब अक्सर अच्छे अच्छों।
को बर्बाद कर देती है"!

"तेरी यादें मुझे बहुत सताती,
हैं, रुलाती हैं, तड़पाती हैं।
तभी मुझे अपनी बेवकूफों,
पर हंसी आ जाती हैं।
और उसकी बेवफाई,
याद आ जाती हैं।
तभी तेरी याद वापिस,
चली जाती हैं"।

"गुनाह लोगों का होता हैं,
लेकिन दोषी भगवान को!
बताया जाता हैं।
अब आप ही यहां देख लो,
पहलें लोग सरकारी नौकरी!
दहेज और अपनी जात का,

लड़का या लड़की मांगते हैं!
और लोग कहते हैं, कि जोड़ी,
ऊपर वाला बनाता है"।

अध्याय16

"तेरी बातें मुझे बस यूं,
सताती हैं।
जब तू मेरे सामने उस,
रकीब के गले लगती हैं"।

"कुछ लोग तो अपने बड़े,
होने का फायदा उठाते हैं।
गलती उनकी होती हैं और,
गलत हमें बताते है"।

"जब हमारा बुरा समय क्या आया!
सब अपने पराये हो गये,
और बातों ही बातों में"
में हमारी औकात बता गयें।
हम देते हैं गाली बस इतना,
कहकर सारे रिश्ते तोड़ गयें"।

"कितनी अजीब है ना,
जिंदगी कि कुछ बातें!
जब जिंदगी हो तो अपने,
भी गैर बन जाते हैं।

और जब जनाजा उठता,
गैर भी अपना बन जाता हैं"।

अध्याय 17

"न गलती तेरी,
न मेरी थी।
न गलती तेरी,
न मेरी थी।
ये सब तो समय,
कि समय की मजबूरी।
जिससे हम दोनों के बीच,
इतनी दूरी थी"।

"अपनों की बदुआं,
और गैरों की दुआ!
आनें लगीं हैं।
मुरसत जरा पता तो,
लगाने ये कौन सी!
कलयुग की हवा चलने,
लगीं हैं"।

"न तुम बदले,
न हम बदले।
बस हमनें जो,
समय बिताया!

था।
वो समय बदल,
गया।
तभी तो हमारा साथ।
छूट गया है"।

अध्याय18

"लड़ाई आज कल अपनों,
से होने लगीं हैं।
बातों ही बातों में उनकी,
सच्चाई इस मुंह से निकलने!
लगीं हैं।
तभी तो आजकल अपनों से बदुआ,
और गैरों से दुआ मिलने लगीं है"।

"प्यार, इश्क़,मुहब्बत एक,
बीमारी हैं-2।
जिसे जो इस बात को समझ,
ले बस इसमें ही उसकी समझदारी"
हैं।
वरना हमारी तरह जिंदगी बर्बाद होने की,
करनें की तुम्हारी उतनी ही भागीदारी हैं।
कि जितनी हमारी थीं"।

"कितना अजीब हैं ना,
जो अपना हमें कुछ बनना।
चाहतें थे,वो आज हमें गुलाम,
बनना चाहते हैं।

और जो हमें आगें बढ़ाना चाहते,
थे।
वहीं आज हमें रोकना चाहतें हैं"।

अध्याय19

"वादा और दिल होता ही हैं,
तोड़ने के लिये तभी तो लोग"
वादा करके, और दिल लगाकर;
दोनों को एक साथ तोड़ देतें हैं"।

"मरनें के डर से हम,
अपनें राज गैरों को;
न बताएंगे!
तुम करते रहों हमसें,
यूं नफरतें;
एक रात हम यूं हीं!
हम हमेशा के लिये,
सो जायेंगे;
तुम बाद में चिल्लयोगे;
रोओगे,पछताओगे लेकिन,
तुम मुझे वापिस ना पा"
पायोगें।
बस तुम यूं ही करतें रहना,
नफ़रत और हम यह अपनी"
"मनीष कुमार" के नाम से,
अधूरी एक तरफा कहानी;
लिख जायेंगे"।

अध्याय20

"लव यू कहने वाले,
आज हमारे मुंह पर!
गुलाब फेंक गये।
कभी साथ न छोड़ने,
वाले आज हमारा साथ!
छोड़ गये।
जो कहते थे कभी की,
अरे जो कहतें थे कभी"
कि मनीष हम तुम्हें कभी!
न भुला पाएंगे वो आज,
हमेशा हमेशा के लिये;
किसी और के हो गयें"।

"हर चेहरे के पीछे एक पहरा हैं"
उस हर पहेरे के पीछे हर किसी!
का बुरा चेहरा हैं।
और सुनो भाई तुम अपना घाव"
छिपा लो क्युकी हमारा घाव तुमसे!
से भी ज्यादा गहरा है"।

अध्याय21

"मतलबी दुनियां में हम भी,
मतलबी हो गये।
जिसे हम अपनी तरह,
बनना चाहते थे।
हम भी उनकी तरह,
मतलबी हो गये"।

"गैरों की महफिल में,
भी हमारा नाम हैं।
फिर पता नहीं अपनों,
कि महफिल में हमारा;
क्यों नाम बदनाम हैं"।

"डर सा लगने लगा है"
आज कल अपनों से।
क्यूंकि हर कोई अपना"
बन कर धोखा देने लगा है।

अध्याय22

"माफी गलती की होती हैं,
धोखे की नहीं।
और वो हमसे मिलकर,
दूसरा मौका मांगने को"
को कहती हैं।
लेकिन अब उनके हर मुलाकात,
के नाम में ही धोखे की बदबू;
आती हैं"।

"यहां पर ऐसा ही होता हैं"
आपके सामने आपकी,
अच्छाई और दूसरो के;
सामने आपकी बुराई की"
जाती हैं"।

" ऐ जिंदगी तू मुझे बहुत कुछ सीखा गयी,
ऐ जिंदगी तू मुझे बहुत कुछ सीखा गयी।
लेकिन ये क्या तुम तो आगे चली गयी,
और मुझे गमों के साथ पीछे छोड़ गयी"।

अध्याय23

"बर्बादी का ये कैसा मंजर हैं?
मनीष भाई यह देखो।
अपनों के ही हाथों में,
अपनों के लिये खंजर है।

"यहां पर प्यार के नाम पर व्यापार,
होता है।
यार तू क्यों रोता हैं,
इस महफिल में ऐसा ही होता हैं।

"ऐ जिंदगी तू मुझे,
छोड़ दे।
भले ही अपने बदले,
में मौत दे।

अध्याय24

"जवानी का दौर था,
हम गलती कर बैठें!
न चाहतें हुये।
जो हम तुझ बेवफा से,
दिल लगाते हैं"।

"जो हिम्मत थीं,
वो हिम्मत अब टूटने"
सी लगी।
लगता हैं किसी अपनें,
की बात दिल पर लगीं।
और ये क्या अभी तक,
एक इल्ज़ाम से निकल"
भी नहीं पाये।
और ये दुनियां दूसरा,
इल्ज़ाम लगानें पर तुली;
हुयी हैं।

"जो भी हैं अच्छा हैं,
तो यह फिर बुरा कौन है?
जो भी हैं अच्छा हैं,

तो यह फिर बुरा कौन है?
ये दिल तो आपने तोड़ दिया,
फिर यह नया मेहमान कौन है"?

अध्याय25

"प्यार तो बिना मतलब के होता है,
मतलब का तो व्यापार होता हैं"।

"नफ़रत नहीं हैं तुमसें,
बस नाराज हैं।
क्योंकि कल आबाद,
थे।
आज तुम्हारी वजह से बर्बाद,
हैं"।

"इतनी नाराजगी अच्छी नहीं,
अभी तुम बच्ची हो।
मुहब्बत को समझना तुम्हारे,
बस की नहीं"।

"हमनें तो तुम्हें अपनें दिल में बसाया था,
फिर तुमने हमें क्यों रुलाया था।"

अध्याय26

"क्या दिल तोड़ना गुनाह नहीं"
अगर हां तो क्या इसका कोई,
गवाह नहीं?
अगर हा तो तुम्हारी महफिल में,
इतनी बेवफाई क्यों,
क्या इसकी कोई सजा नहीं?

"जब यूं छोड़ना ही था,
तो साथ ही क्यों दिया?
अगर बर्बाद ही करना,
था ।
तो पहले आबाद ही,
क्यों किया"?

"वो तो चली गई,
लेकिन यार!
चेहरे पर मुस्कान,
और दिल पर धोखे!
का निशान दे गयी।
हां वो तुम ही हो,
जो मेरी स्वर्ग सी!

जिंदगी को जुन्नम,
करके चली गयीं"।

अध्याय27

"खिलाफ थे वो सब मेरे"
और हम उनसे मुहब्बत!
करते रहें।
वो आग लगाते रहें और,
और हम उस आग में"
मुस्कुराते हुये जलते रहें"।

"हमें किसी गैर ने नहीं,
अपने ने हराया है।
नफ़रत से तो हम जीत जातें,
लेकिन अपनो के प्यार भरे"
धोखे ने हराया है"।

अध्याय28

"सही कहा था तुमने,
कि सही कहा था तुमने!
कि अपनी बर्बादी के ,
जिम्मेदार हम खुद थे।
सही कहा था तुमने,
कि सही कहा था तुमने!
कि अपनी बर्बादी के,
जिम्मेदार हम खुद थे।
जो हम तुम पर हद से,
ज्यादा भरोसा कर बैठे!
जो सब कुछ हमनें कमाया,
था!"

अध्याय29

"मुझे पता है कि मेरा,
अंत नजदीक है।
लेकिन क्या करें ये,
किसी अपनी की!
ख्वाहिश है"।

"मस्ती करनें की उम्र में,
हम टूटे हुये आशिकों के;
लिये हस्ती बन गये।
न जानें हम तुमसे कैसी?
मुहब्बत कर गये"।

"अपनों को हमनें गैर बनते देखा है,
कि अपनों को हमनें गैर बनते देखा"
है।
और तुम हमसे पूछते हो कि हमनें,
क्या देखा हैं"?

अध्याय30

"जो अपने थे,
वो सब परायें हो गये।
जिन अपनों के लिये,
हम कभी गैरों से लड़े"
वो सभी हमारे खिलाफ!
हो गये।
झूठे और आस्तिन के सांप,
उनके खास हो गये।
यार जो अपने थे वो सब,
पराये हो गये"।

"नफ़रत की आंग में,
जल गये हम।
एक बार हम मुहब्बत,
होने के बाद फिर ना;
दुबारा किसी और से"
मुहब्बत हुयी।
यार वो तो चली गयी,
और अकेले रह गये!
हम"।

"हर कोई रुलाता हैं,
सिर्फ हम अपने आप"
को हसाते है।
चल अब आ भी जा!
ऐ मौत हम तुझे हसते,
हसते अब हम तुझे गले"
लगाते हैं।
क्योंकि हमें अपना हर कोई,
रुलाता है"।

अध्याय31

"जो सपने थे"
वो सपनें टूट,
गये।
जो सपने थे"
वो सपनें टूट,
गये।
कहीं बिखर गये,
क्या पता वो कहां?
गये।
किधर गये?
बस वो हमारे दिल,
से खेल गये।
वो हमारा दिल को,
तोड़कर।
टूटे हुये दिल के टुकड़ों,
कहीं बिखेर गये।
जों लम्हें हमनें साथ बिताये,
थे।
न जानें वो लम्हें कहां गुजर,
गयें"?

अध्याय32

"आपकी आवाज में दर्द हैं,
वो भी बेशुमार हैं।
ये दर्द तब होता हैं,
जब कोई अपना धोखा देता"
हैं।
मैं आपका दर्द समझ सकता,
हूं।
ना चाहते हुये हमें लोगों के,
सामने मुस्कुराना पड़ता हैं।
किसी को हमारा गम पता ना,
इसलिए हमें अकेले रोना पड़ता"
हैं"।

"रोते रहें यूं हम उम्र भर,
हमें मंजूर होगा।
रोते रहें यूं हम उम्र भर,
हमें मंजूर होगा।
लेकीन अब हमें हो जायें,
दुबारा उनसे मुहब्बत हमें"
यूं न हरकिस मंजूर न होगा"।

"आज मूड ऑफ है, शायद कल जिंदगी ऑफ हो,
आज हम आपसे ठीक से बात कर ले!
क्या पता कल हो न हो"।

Attitude Shayari

अध्याय33

"मेरी भी एक कहानी होंगी,
उसमें आप लोगों की मनमानी!
होगी।
लेकिन मैंने भी कब किसी मानी,
होगी?
तभी तो तुम्हारे सामने मनीष कुमार,
के नाम से मेरी सफलता की कहानी!
होगी"।

"मैं शतरंज का वो प्याला नहीं,
जो तुम मुझे मार दोगें।
बल्कि, मैं वो राजा हूं जो तुम मेरे,
लिये अपनी जान भी गवां बैठोगे"।

"बदल तो गया हूं मैं,
तभी तो तुमसे बातें!
कम करता हूं।
पहले तो हम तुमको,
बातों ही बातों में तुम्हें!
सब कुछ बता देते थे।
लेकिन अब हम तुम्हें,

देखकर चुपचाप"
निकल जातें हैं।

अध्याय34

"जो लोग हमें तमीज से बातें,
करना सिखाते है अक्सर वहीं।
तमीज से बात करना भूल जाते है"।

"अरे सुनो! लगता हैं कहीं,
आग लग रहीं हैं?
कि अरे सुनो लगता हैं कहीं?
आग लग रहीं है।
कोई तो इस आग को बुझा,
दो।
कोई पानी और मिट्टी लायो,
कोई पानी और मिट्टी लायो।
और मुझसे जलनें वालो को,
दफना दो"।

"मेरी बातें लोगों सताती हैं,
और वो सतायेंगी भी!
क्योंकि लोग हमें अपनी,
अपनी अक्कड़ दिखाते!
हैं।
और हम उन्हे उनकी औकात,

दिखाते हैं"।

अध्याय35

"जिनको मेरी अब फिकर नहीं;
अब उनका मेरी महफिल में!
कोई जिक्र नहीं"।

"हमनें उन्हें दिल दिया,
उन्होनें वो तोड़ दिया।
वो हमें रुलाना चाहते।
लेकिन हमनें मुस्कुराना!
उन्हें छोड़ दिया"।

"शब्दों की हुकूमत को हम तोड़ देंगे,
जो दिल में हैं।
हम वो कह देंगे,
समझने वाले समझ जायेंगे।
और न समझने वाले हमें छोड़ देंगे"।

"चलो! हमसे जलने वालो को जलातें हैं"
क्योंकि अब हम हम भी उन्हें राख बनता!
देखना चाहते हैं"

अध्याय36

"मेरा अपना character,
मेरी अपनी अदा हैं।
हमें समझ सका वो,
हमारी अदा पर फिदा।
और जो हमें न समझ,
वो हमसे आज भी जुदा!
हैं"।

❧❧❧

"कहने वालों को कहने दो,
हसने वालो को हंसने दो।
तुम करते रहो, कोशिशें,
मुझे गिराने की।
मैं कौन हूं तुम्हें जरूर,
बतायुंगा।
एक बार मेरा समय तो,
आने दो"।

❧❧❧

"इतना गुमान ना कर अपने होने का,
वरना मैं तुम्हारा गुमान तोड़ दूंगा।
और तू मुझे क्या छोड़ेगा,
अगर तूने मुझे ज्यादा परेशान किया!

किया तो मुझे छोड़ दूंगा"।

"माना मैं तुम्हारे लिये,
खराब हूं।
लेकिन मैं अपने लिये,
नवाब हूं।
और हां,
तुम मुझसे दूर रहना!
क्योंकि मैं तुम्हारे शराब,
हूं"।

अध्याय37

मुझे बुरे समय में छोड़ने वालो,
एक काम करना।
चुलु भर पानी लेना और,
उसमें डूब मरना।
लेकिन मेरे पास वापिस लौट,
कर मत आना"।

"हां हो गई गलती मुझसे,
मैं जानता हूं।
लेकिन जनाब,
मैं आप सब की सच्चाई।
भी जानता हूं"।

"ये इतना गुमान दिखा किसे रहे हो,
बातों ही बातों में औकात बता,
किसकी रहे हो?
और हां! बेवफाई तो तुमने की थी,
फिर अपनी महफिल में बेवफा हमें,
क्यों बता रहे हो"?

अध्याय38

"मैं इज्जत कमायु और,
तुम उसे ले जाओ।
मैं इज्जत कमायु और,
तुम उसे ले जाओ।
सुनो! इससे तो अच्छा,
मैं बदनाम हो जाऊ"।

"मेरी मौत का ऐलान,
कर गये वो।
मुहब्बत में मुझे बदनाम,
वो।
कि जो देते थे बद्‌आ मेरे,
मेरे मरने की ।
अरे मैंने सुना कल रात,
मर गये वो"।

"पागल थी वो या,
पागल बना गयी वो।
मेरे और रकीब के,
साथ मुहब्बत कर"
वो।

कहते उसे हम बेवफा,
यार! उससे पहले मर"
वो"।

Motivational Poetry

अध्याय39

"गलत को गलत,
और सही को सही"
कहा है।
कि गलत को गलत,
और सही को सही"
कहा है।
तभी तो आज मनीष,
कुमार यहां पर राधा"
रानी के आर्शीवाद से!
अकेला खड़ा हैं"।

"आज जमीन पर हूं,
कल आसमान में भी"
उड़ान भारूंगा।
कि आज जमीन पर हूं,
कल आसमान में भी"
उड़ान भारूंगा।
मैं वो पतंग नहीं जो,
कट जायुंगा।
बल्कि मैं औरों की,
पतंग काट कर जीत का"
परचम आसमान में लहराऊंगा"।

अध्याय40

"ऐ जिंदगी चल थोड़ा,
और मुस्कुराते है।
और जो लोग पहले,
से जलतें हैं।
उन्हें थोड़ा और जलाते,
हैं"।

"ये जिन्दगी हैं,
दोस्तो!
यह कभी हसायेंगी,
कभी रुलायेंगी।
कभी जीतायेंगी,
यहां तक की हरायेंगी।
पर याद रखना,
ऐ मेरे दोस्त! ये तुझे कुछ"
न कुछ जरूर सिखायेगी"।

अध्याय41

"ऐ जिन्दगी तू छोड़ अपनें,
निशान!
बस वहीं बनेंगे मेरी पहचान"।

"एक कदम और बढ़ाते हैं,
अपने आप से बहस करके"
एक और सवाल का जवाब!
पाते हैं"।

"मैं बुरा हूं तो बुरा ही सही,
लेकिन क्या आप अच्छे हो?
अरे मैं झूठा हूं तो झूठा हूं तो,
झूठा ही सही।
मगर क्या आप सच्चे हो?
अरे तुम मेरे बारे में नहीं जान,
पायोगे तुम अभी बच्चे हो"।

अध्याय42

"मैं सूरज हूं,
चांद नहीं।
कि मैं सूरज हूं,
चांद नहीं।
मैं दिन में,
प्रकाश दूंगा।
रात में नहीं,
और मुझे!
दूसरो से तोलना,
बन्द करो।
क्योंकि मैं तुम्हारी,
इन छोटी हरकतो,
से रुकने वाला नहीं"।

अध्याय43

"देर से ही सही,
देर से ही सही!
लेकिन, निखरेंगे,
जरूर।
तुम करते रहो,
कोशिशें हमें गिराने!
लेकिन,अब न तुम्हारे,
हाथ ना आयेंगे।
जितना तुमने गिराया,
हमको!
इस बार हम इससे भी,
ऊचा उड़ जायेंगे"।

अध्याय 44

"हम किसी को बिना हरायें जीतेंगे,
ऐ जिंदगी ये हुनर हम तुझसे सीखेंगे"।

"तुम तैयार हो मुझे गिराने के लिये,
और मैं तैयार हूं उच्ची उड़ान भरने!
के लिये"।

"ना किसी की खैर,
और न किसी से बैर।
बस यही तो जीवन,
की अच्छी सैर"।

मैं आशा करता हूं कि आपको मेरी शायरियां पसंद आयी होंगी।आप मेरे ईमेल आईडी manishkumarmtrjn2@gmail.com पर feedback share kar सकते हैं। और हा आपकी मेरी सभी शायारियुओं में आपको कौन सी शायरी अधिक पसंद आयी न बताना भूले

धन्यवाद-
मनीष कुमार

www.ingramcontent.com/pod-product-compliance
Lightning Source LLC
Chambersburg PA
CBHW022058150726
47990CB00003B/1139